世遺雕版

龍藏地藏經

《世遺雕版之龍藏地藏經》出版前言

雕版印刷技藝起源于公元六世紀之唐代，經緣着中國古代造紙術、制墨術、雕刻術、拓印術等幾種技術傳統工藝，是重要的非物質文化遺產。

本次發起「世遺雕版之龍藏地藏經」珍品再造復原項目，是對非物質文化遺產——雕版雕刻與刷印技藝的保護與傳承，也是對文化藝術的發展與弘揚。

弘化社 編

宗教文化出版社

世遺雕版之

龍藏地藏經

世遺雕版藏經院項目組
己亥年十二月

地藏菩薩本願經
唐于闐國三藏沙門實叉難陀譯

地藏菩薩本願經
唐于闐國三藏沙門實叉難陀譯

地藏菩薩本願經卷上　斯九

唐于闐國三藏沙門實叉難陀譯

忉利天宮神通品第一

如是我聞一時佛在忉利天爲母說法爾時十方無量世界不可說不可說一切諸佛及

大菩薩摩訶薩皆來集會讚歎釋迦牟尼佛能於五濁惡世現不可思議大智慧神通之力調伏剛強衆生知苦樂法各遣侍者問訊世尊是時如來含笑放百千萬億大光明雲所謂大圓滿光明雲大慈悲光明雲大智慧

光明雲大般若光明雲大三昧光明雲大吉祥光明雲大福德光明雲大功德光明雲大歸依光明雲大讚歎光明雲放如是等不可說光明雲已又出種種微妙之音所謂檀波羅蜜音尸波羅蜜音羼提波羅蜜音毗離耶波羅蜜音禪波羅蜜音般若波羅蜜音慈悲音喜捨音解脫音無漏音智慧音大智慧音師子吼音大師子吼音雲雷音大雲雷音出如是等不可說不可說音已娑婆世界及他方國土有無量億天龍鬼神亦集到忉利天

宮所謂四天王天忉利天須焰摩天兜率陀天化樂天他化自在天梵衆天梵輔天大梵天少光天無量光天光音天少淨天無量淨天遍淨天福生天福愛天廣果天無想天無煩天無熱天善見天善現天色究竟天摩醯首羅天乃至非想非非想處天一切天衆龍衆鬼神等衆悉來集會復有他方國土及娑婆世界海神江神河神樹神山神地神川澤神苗稼神晝神夜神空神天神飲食神草木神如是等神皆來集會復有他方國土及娑

娑世界諸大鬼王所謂惡目鬼王噉血鬼王噉精氣鬼王噉胎卵鬼王行病鬼王攝毒鬼王慈心鬼王福利鬼王大愛敬鬼王如是等鬼王皆來集會爾時釋迦牟尼佛告文殊師利法王子菩薩摩訶薩汝觀是一切諸佛菩

薩及天龍鬼神此世界他世界此國土他國土如是今來集會到忉利天者汝知數不文殊師利白佛言世尊若以我神力千劫測度不能得知佛告文殊師利吾以佛眼觀故猶不盡數此皆是地藏菩薩久遠劫來已度當

婆世界諸大鬼王所謂惡目鬼王噉血鬼王
噉精氣鬼王噉胎卵鬼王行病鬼王攝毒鬼
王慈心鬼王福利鬼王大愛敬鬼王如是等
鬼王皆來集會爾時釋迦牟尼佛告文殊師
利法王子菩薩摩訶薩汝觀是一切諸佛菩
薩及天龍鬼神此世界他世界此國土他國
土如是今來集會到忉利天者汝知數不文
殊師利白佛言世尊若以我神力千劫測度
不能得知佛告文殊師利吾以佛眼觀故猶
不盡數此皆是地藏菩薩久遠劫來已度當

度未度已成就當成就未成就文殊師利白佛言世尊我已過去久修善根證無礙智聞佛所言即當信受小果聲聞天龍八部及未來世諸衆生等雖聞如來誠實之語必懷疑惑設使頂受未免興謗唯願世尊廣說地藏菩薩摩訶薩因地作何行立何願而能成就不思議事佛告文殊師利譬如三千大千世界所有草木叢林稻麻竹葦山石微塵一物一數作一恒河一恒河沙一沙之界一界之內一塵一劫一劫之內所積塵數盡充爲劫

地藏菩薩證十地果位已來千倍多於上喻
何況地藏菩薩在聲聞辟支佛地文殊師利
此菩薩威神誓願不可思議若未來世有善
男子善女人聞是菩薩名字或讚歎或瞻禮
或稱名或供養乃至彩畫刻鏤塑漆形像是

人當得百返生於三十三天永不墮惡道文
殊師利是地藏菩薩摩訶薩於過去久遠不
可說不可說劫前身爲大長者子時世有佛
號曰師子奮迅具足萬行如來時長者子見
佛相好千福莊嚴因問彼佛作何行願而得

此相時師子奮迅具足萬行如來告長者子欲證此身當須久遠度脫一切受苦衆生文殊師利時長者子因發願言我今盡未來際不可計劫爲是罪苦六道衆生廣設方便盡令解脫而我自身方成佛道以是於彼佛前立斯大願于今百千萬億那由他不可說劫尚爲菩薩又於過去不可思議阿僧祇劫時世有佛號曰覺華定自在王如來彼佛壽命四百千萬億阿僧祇劫像法之中有一婆羅門女宿福深厚衆所欽敬行住坐卧諸天衛

護其毋信邪常輕三寶是時聖女廣說方便
勸誘其毋令生正見而此女毋未全生信不
久命終魂神墮在無間地獄時婆羅門女知
毋在世不信因果計當隨業必生惡趣遂賣
家宅廣求香華及諸供具於先佛塔寺大興
供養見覺華定自在王如來其形像在一寺
中塑畫威容端嚴畢備時婆羅門女瞻禮尊
容倍生敬仰私自念言佛名大覺具一切智
若在世時我毋死後儻來問佛必知處所時
婆羅門女垂泣良久瞻戀如來忽聞空中聲

護其母信邪常輕三寶是時聖女廣說方便
勸誘其母令生正見而此女母未全生信不
久命終魂神墮在無間地獄時婆羅門女知
母在世不信因果計當隨業必生惡趣遂賣
家宅廣求香華及諸供具於先佛塔寺大興

中塑畫威容端嚴畢備時婆羅門女瞻禮尊
容倍生敬仰私自念言佛名大覺具一切智
若在世時我母死後儻來問佛必知處所時
婆羅門女垂泣良久瞻戀如來忽聞空中聲

曰泣者聖女勿至悲哀我今示汝母之去處
婆羅門女合掌向空而白空曰是何神德寬
我憂慮我自失母已來晝夜憶戀無處可問
知母生界時空中有聲再報女曰我是汝所
瞻禮者過去覺華定自在王如來見汝憶母

倍於常情衆生之分故來告示婆羅門女聞
此聲已舉身自撲支節皆損左右扶侍良久
方蘇而白空曰願佛慈愍速說我母生界我
今身心將死不久時覺華定自在王如來告
聖女曰汝供養畢但早返舍端坐思惟吾之

名號即當知母所生去處時婆羅門女尋禮
佛已即歸其舍以憶母故端坐念覺華定自
在王如來經一日一夜忽見自身到一海邊
其水涌沸多諸惡獸盡復鐵身飛走海上東
西馳逐見諸男子女人百千萬數出没海中
被諸惡獸爭取食噉又見夜叉其形各異或
多手多眼多足多頭口牙外出利刃如劍驅
諸罪人使近惡獸復自搏攫頭足相就其形
萬類不敢久視時婆羅門女以念佛力故自
然無懼有一鬼王名曰無毒稽首來迎白聖

女曰善哉菩薩何緣來此時婆羅門女問鬼
王曰此是何處無毒荅曰此是大鐵圍山西
面第一重海聖女問曰我聞鐵圍之内地獄
在中是事實不無毒荅曰實有地獄聖女問
曰我今云何得到獄所無毒荅曰若非威神

即須業力非此二事終不能到聖女又問此
水何緣而乃涌沸多諸罪人及以惡獸無毒
荅曰此是閻浮提造惡衆生新死之者經四
十九日後無人繼嗣爲作功德救拔苦難生
時又無善因當據本業所感地獄自然先渡

王曰此是何處無毒答曰此是大鐵圍山西
面第一重海聖女問曰我聞鐵圍之內地獄
在中是事實不無毒答曰實有地獄聖女問
曰我今云何得到獄所無毒答曰若非威神

五

即須業力非此二事終不能到聖女又問
水何緣而乃涌沸多諸罪人及以惡獸無毒
答曰此是閻浮提造惡衆生新死之者經四
十九日後無人繼嗣為作功德救拔苦難生
時又無善因當據本業所感地獄自然先渡

此海海東十萬由旬又有一海其苦倍此彼
海之東又有一海其苦復倍三業惡因之所
招感共號業海其處是也聖女又問鬼王無
毒曰地獄何在無毒荅曰三海之內是大地
獄其數百千各各差別所謂大者具有十八
次有五百苦毒無量次有千百亦無量苦聖
女又問大鬼王曰我母死來未久不知魂神
當至何趣鬼王問聖女曰菩薩之母在生習
何行業聖女荅曰我母邪見譏毀三寶設或
暫信旋又不敬死雖日淺未知生處無毒問

曰菩薩之母姓氏何等聖女荅曰我父我母俱婆羅門種父號尸羅善現母號悅帝利無毒合掌啓菩薩曰願聖者却返本處無至憂憶悲戀悅帝利罪女生天以來經今三日云承孝順之子爲母設供修福布施覺華定自在王如來塔寺非唯菩薩之母得脫地獄應是無間罪人此日悉得受樂俱同生訖鬼王言畢合掌而退婆羅門女尋如夢歸悟此事已便於覺華定自在王如來塔像之前立弘誓願願我盡未來劫應有罪苦衆生廣設方

便使令解脫佛告文殊師利時鬼王無毒者當今財首菩薩是婆羅門女者即地藏菩薩是

分身集會品第二

爾時百千萬億不可思不可議不可量不可

說無量阿僧祇世界所有地獄處分身地藏菩薩俱來集在忉利天宮以如來神力故各以方面與諸得解脫從業道出者亦各有千萬億那由他數共持香華來供養佛彼諸同來等輩皆因地藏菩薩教化永不退轉於阿

便使令解脫佛告文殊師利時鬼王無毒者
當今財首菩薩是婆羅門女者即地藏菩薩
是

分身集會品第二

爾時百千萬億不可思不可議不可量不可
說無量阿僧祇世界所有地獄處分身地藏
菩薩俱來集在忉利天宮以如來神力故各
以方面與諸得解脫從業道出者亦各有千
萬億那由他數共持香華來供養佛彼諸同
來等輩皆因地藏菩薩教化永不退轉於阿

耨多羅三藐三菩提是諸衆等久遠劫來流
浪生死六道受苦暫無休息以地藏菩薩廣
大慈悲深誓願故各獲果證既至忉利心懷
踊躍瞻仰如來目不暫捨爾時世尊舒金色
臂摩百千萬億不可思不可議不可量不可
說無量阿僧祇世界諸分身地藏菩薩摩訶
薩頂而作是言吾於五濁惡世教化如是剛
強衆生令心調伏捨邪歸正十有一二尚惡
習在吾亦分身千百億廣設方便或有利根
聞即信受或有善果勤勸成就或有暗鈍久

化方歸或有業重不生敬仰如是等輩衆生
各各差別分身度脫或現男子身或現女人
身或現天龍身或現神鬼身或現山林川原
河池泉井利及於人悉皆度脫或現天帝身
或現梵王身或現轉輪王身或現居士身或

現國王身或現宰輔身或現官屬身或現比
丘比丘尼優婆塞優婆夷身乃至聲聞羅漢
辟支佛菩薩等身而以化度非但佛身獨現
其前汝觀吾累劫勤苦度脫如是等難化剛
強罪苦衆生其有未調伏者隨業報應若墮

惡趣受大苦時汝當憶念吾在忉利天宮慇
懃付囑令娑婆世界至彌勒出世已來衆生
悉使解脫永離諸苦遇佛授記爾時諸世界
分身地藏菩薩共復一形涕淚哀戀白其佛
言我從久遠劫來蒙佛接引使獲不可思議
神力具大智慧我所分身遍滿百千萬億恒
河沙世界每一世界化百千萬億身每一身
度百千萬億人令歸敬三寶永離生死至涅
槃樂但於佛法中所爲善事一毛一渧一沙
一塵或毫髮許我漸度脫使獲大利唯願世

尊不以後世惡業衆生爲慮如是三白佛言唯願世尊不以後世惡業衆生爲慮爾時佛讚地藏菩薩言善哉善哉吾助汝喜汝能成就久遠劫來發弘誓願廣度將畢即證菩提

觀衆生業緣品第三

爾時佛母摩耶夫人恭敬合掌問地藏菩薩言聖者閻浮衆生造業差別所受報應其事云何地藏答言千萬世界乃及國土或有地獄或無地獄或有女人或無女人或有佛法或無佛法乃至聲聞辟支佛亦復如是非但

尊不以後世惡業衆生爲慮如是三白佛言
唯願世尊不以後世惡業衆生爲慮爾時佛
讚地藏菩薩言善哉善哉吾助汝喜汝能成
就久遠劫來發弘誓願廣度將畢即證菩提

觀衆生業緣品第三

言聖者閻浮衆生造業差別所受報應其事
云何地藏答言千萬世界乃及國土或有地
獄或無地獄或有女人或無女人或有佛法
或無佛法乃至聲聞辟支佛亦復如是非但

地獄罪報一等摩耶夫人重白菩薩且願聞
於閻浮罪報所感惡趣地藏荅言聖母唯願
聽受我粗說之佛母白言願聖者說爾時地
藏菩薩白聖母言南閻浮提罪報名號如是
若有衆生不孝父母或至殺害當墮無間地

獄千萬億劫求出無期若有衆生出佛身血
毀謗三寶不敬尊經亦當墮於無間地獄千
萬億劫求出無期若有衆生侵損常住點污
僧尼或伽藍内恣行淫欲或殺或害如是等
輩當墮無間地獄千萬億劫求出無期若有

地獄罪報一等摩耶夫人重白菩薩且願聞
於閻浮罪報所感惡趣地藏答言聖母唯願
聽受我粗說之佛母白言願聖者說爾時地
藏菩薩白聖母言南閻浮提罪報名號如是
若有眾生不孝父母或至殺害當墮無間地
獄千萬億劫求出無期若有眾生出佛身血
毀謗三寶不敬尊經亦當墮於無間地獄千
萬億劫求出無期若有眾生侵損常住玷污
僧尼或伽藍內恣行淫欲或殺或害如是等
輩當墮無間地獄千萬億劫求出無期若

衆生僞作沙門心非沙門破用常住欺誑白衣違背戒律種種造惡如是等輩當墮無間地獄千萬億劫求出無期若有衆生偷竊常住財物穀米飲食衣服乃至一物不與取者當墮無間地獄千萬億劫求出無期地藏白言聖母若有衆生作如是罪當墮五無間地獄求暫停苦一念不得摩耶夫人重白地藏菩薩言云何名爲無間地獄地藏白言聖母諸有地獄在大鐵圍山之内其大地獄有一十八所次有五百名號各別次有千百名字

亦別無間獄者其獄城周匝八萬餘里其城
純鐵高一萬里城上火聚少有空缺其獄城
中諸獄相連名號各別獨有一獄名曰無間
其獄周匝萬八千里獄墻高一千里悉是鐵
爲上火徹下下火徹上鐵蛇鐵狗吐火馳逐

獄墻之上東西而走獄中有床遍滿萬里一
人受罪自見其身遍卧滿床千萬人受罪亦
各自見身滿床上衆業所感獲報如是又諸
罪人備受衆苦千百夜叉及以惡鬼口牙如
劒眼如電光手復銅爪拖拽罪人復有夜叉

執大鐵戟中罪人身或中口鼻或中腹背抛
空翻接或置床上復有鐵鷹啗罪人目復有
鐵蛇繳罪人頸百肢節内悉下長釘拔舌耕
犁抽腸剉斬洋銅灌口熱鐵纒身萬死千生
業感如是動經億劫求出無期此界壞時寄
生他界他界次壞轉寄他方他方壞時展轉
相寄此界成後還復而來無間罪報其事如
是又五事業感故稱無間何等爲五一者日
夜受罪以至劫數無時間絶故稱無間二者
一人亦滿多人亦滿故稱無間三者罪器叉

棒鷹蛇狼犬碓磨鋸鑿剉斫鑊湯鐵網鐵繩
鐵驢鐵馬生革絡首熱鐵澆身飢吞鐵丸渴
飲鐵汁從年竟劫數那由他苦楚相連更無
間斷故稱無間四者不問男子女人羌胡夷
狄老幼貴賤或龍或神或天或鬼罪行業感
悉同受之故稱無間五者若墮此獄從初入
時至百千劫一日一夜萬死萬生求一念間
暫住不得除非業盡方得受生以此連綿故
稱無間地藏菩薩白聖母言無間地獄粗說
如是若廣說地獄罪器等名及諸苦事一劫

棒鷹蛇狼犬碓磨鋸鑿剉斫鑊湯鐵網鐵繩
鐵驢鐵馬生革絡首熱鐵澆身飢吞鐵丸渴
飲鐵汁從年竟劫數那由他苦楚相連更無
間斷故稱無間四者不問男子女人羌胡夷
狄老幼貴賤或龍或神或天或鬼罪行業感

時至百千劫一日一夜萬死萬生求一念間
暫住不得除非業盡方得受生以此連綿故
稱無間地藏菩薩白聖母言無間地獄粗說
如是若廣說地獄罪器等名及諸苦事一劫

之中永說不盡摩耶夫人聞已愁憂合掌頂禮而退

閻浮衆生業感品第四

爾時地藏菩薩摩訶薩白佛言世尊我承佛如來威神力故遍百千萬億世界分是身形救拔一切業報衆生若非如來大慈力故即不能作如是變化我今又蒙佛付囑至阿逸多成佛已來六道衆生遣令度脫唯然世尊願不有慮爾時佛告地藏菩薩一切衆生未解脫者性識無定惡習結業善習結果爲善

劫之中求說不盡摩耶夫人聞已愁憂合掌頂禮而退

閻浮眾生業感品第四

爾時地藏菩薩摩訶薩白佛言世尊我承佛如來威神力故遍百千萬億世界分是身形救拔一切業報眾生若非如來大慈力故即不能作如是變化我今又蒙佛付囑至阿逸多成佛已來六道眾生遣令度脫唯然世尊願不有慮爾時佛告地藏菩薩一切眾生未解脫者性識無定惡習結業善習結果為善

爲惡逐境而生輪轉五道暫無休息動經塵劫迷惑障難如魚遊網將是長流脫入暫出又復遭網以是等輩吾當憂念汝既畢是往願累劫重誓廣度罪輩吾復何慮說是語時會中有一菩薩摩訶薩名定自在王白佛言世尊地藏菩薩累劫已來各發何願今蒙世尊慇懃讚歎唯願世尊略而說之爾時世尊告定自在王菩薩諦聽諦聽善思念之吾當爲汝分別解說乃往過去無量阿僧祇那由他不可說劫爾時有佛號一切智成就如來

如來應供正遍知明行足善逝世間解無上士
御丈夫天人師佛世尊其佛壽命六萬劫未
出家時為小國王與一鄰國王為友同行十
善饒益眾生其鄰國內所有人民多造眾惡
二王議計廣設方便一王發願早成佛道當

度是輩令使無餘一王發願若不先度罪苦
令是安樂得至菩提我終未願成佛佛告定
自在王菩薩一王發願早成佛者即一切智
成就如來是一王發願永度罪苦眾生未願
成佛者即地藏菩薩是復於過去無量阿僧

祇劫有佛出世名清淨蓮華目如來其佛壽命四十劫像法之中有一羅漢福度衆生因次教化遇一女人字曰光目設食供養羅漢問之欲願何等光目荅言我以母亡之日資福救拔未知我母生處何趣羅漢愍之爲入定觀見光目女母墮在惡趣受極大苦羅漢問光目言汝母在生作何行業今在惡趣受極大苦光目荅言我母所習唯好食噉魚鼈之屬所食魚鼈多食其子或炒或煑恣情食噉計其命數千萬復倍尊者慈愍如何哀救

羅漢愍之爲作方便勸光目言汝可志誠念清淨蓮華目如來兼塑畫形像存亡獲報光目聞已即捨所愛尋畫佛像而供養之復恭敬心悲泣瞻禮忽於夜後夢見佛身金色晃耀如須彌山放大光明而告光目汝母不久當生汝家纔覺飢寒即當言說其後家内婢生一子未滿三日而乃言說稽首悲泣告於光目生死業緣果報自受吾是汝母久處暗冥自別汝來累墮大地獄蒙汝福力方得受生爲下賤人又復短命壽年十三更落惡道

羅漢愍之為作方便勸光目言汝可志誠念
清淨蓮華目如來兼塑畫形像存亡獲報光
目聞已即捨所愛尋畫佛像而供養之復恭
敬心悲泣瞻禮忽於夜後夢見佛身金色晃
耀如須彌山放大光明而告光目汝母不久

生一子未滿三日而乃言說稽首悲泣告於
光目生死業緣果報自受吾是汝母久處暗
冥自別汝來累墮大地獄蒙汝福力方得受
生為下賤人又復短命壽年十三更落惡道

汝有何計令吾脫免光目聞說知母無疑哽
咽悲啼而白婢子既是我母合知本罪作何
行業墮於惡道婢子荅言以殺害毀罵二業
受報若非蒙福救拔吾難以是業故未合解
脫光目問言地獄罪報其事云何婢子荅言

罪苦之事不忍稱說百千歲中卒白難竟光
目聞已啼淚號泣而白空界願我之母永脫
地獄畢十三歲更無重罪及歷惡道十方諸
佛慈哀愍我聽我爲母所發廣大誓願若得
我母永離三塗及斯下賤乃至女人之身永

劫不受者願我自今日後對清淨蓮華目如來像前却後百千萬億劫中應有世界所有地獄及三惡道諸罪苦衆生誓願救拔令離地獄惡趣畜生餓鬼等如是罪報等人盡成佛竟我然後方成正覺發誓願已具聞清淨蓮華目如來而告之曰光目汝大慈愍善能爲毋發如是大願吾觀汝毋十三歲畢捨此報已生爲梵志壽年百歲過是報後當生無憂國土壽命不可計劫後成佛果廣度人天數如恒河沙佛告定自在王爾時羅漢福度

光目者即無盡意菩薩是光目毋者即解脫菩薩是光目女者即地藏菩薩是過去久遠劫中如是慈愍發恒河沙願廣度衆生未來世中若有男子女人不行善者行惡者乃至不信因果者邪婬妄語者兩舌惡口者毀謗

大乘者如是諸業衆生必墮惡趣若遇善知識勸令一彈指間歸依地藏菩薩是諸衆生即得解脫三惡道報若能志心歸敬及瞻禮讚歎香華衣服種種珍寶或復飲食如是奉事者未來百千萬億劫中常在諸天受勝妙

樂若天福盡下生人間猶百千劫常爲帝王
能憶宿命因果本末定自在王如是地藏菩
薩有如此不可思議大威神力廣利衆生汝
等諸菩薩當記是經廣宣流布定自在王白
佛言世尊願不有慮我等千萬億菩薩摩訶
薩必能承佛威神廣演是經於閻浮提利益
衆生定自在王菩薩白世尊已合掌恭敬作
禮而退爾時四方天王俱從座起合掌恭敬
白佛言世尊地藏菩薩於久遠劫來發如是
大願云何至今猶度未絶更發廣大誓言唯

願世尊爲我等說佛告四天王善哉善哉吾今爲汝及未來現在天人衆等廣利益故說地藏菩薩於娑婆世界閻浮提内生死道中慈哀救拔度脫一切罪苦衆生方便之事四天王言唯然世尊願樂欲聞佛告四天王地藏菩薩久遠劫來迄至于今度脫衆生猶未畢願慈愍此世罪苦衆生復觀未來無量劫中因蔓不斷以是之故又發重願如是菩薩於娑婆世界閻浮提中百千萬億方便而爲教化四天王地藏菩薩若遇殺生者說宿殃

短命報若遇竊盜者說貧窮苦楚報若遇邪婬者說雀鴿鴛鴦報若遇惡口者說眷屬鬪諍報若遇毀謗者說無舌瘡口報若遇瞋恚者說醜陋癃殘報若遇慳悋者說所求違願報若遇飲食無度者說飢渴咽病報若遇畋

獵恣情者說驚狂喪命報若遇悖逆父母者說天地災殺報若遇燒山林木者說狂迷取死報若遇前後父母惡毒者說返生鞭撻現受報若遇網捕生離者說骨肉分離報若遇毀謗三寶者說盲聾瘖瘂報若遇輕法慢教

者說永處惡道報若遇破用常住者說億劫
輪迴地獄報若遇汚梵誣僧者說永在畜生
報若遇湯火斬斫傷生者說輪迴遞償報若
遇破戒犯齋者說禽獸飢餓報若遇非理毀
用者說所求闕絕報若遇吾我貢高者說卑
使下賤報若遇兩舌鬬亂者說無舌百舌報
若遇邪見者說邊地受生報如是等閻浮提
衆生身口意業惡習結果百千報應今粗略
說如是等閻浮提衆生業感差別地藏菩薩
百千方便而教化之是諸衆生先受如是等

者說永處惡道報若遇破用常住者說億劫
輪迴地獄報若遇污梵誣僧者說永在畜生
報若遇湯火斬斫傷生者說輪迴遞償報若
遇破戒犯齋者說禽獸飢餓報若遇非理毀
用者說所求闕絕報若遇吾我貢高者說卑
使下賤報若遇兩舌鬥亂者說無舌百舌報
若遇邪見者說邊地受生報如是等閻浮提
眾生身口意業惡習結果百千報應今粗略
說如是等閻浮提眾生業感差別地藏菩薩
百千方便而教化之是諸眾生先受如是等

報後堕地獄動經刼數無有出期是故汝等護人護國無令是諸衆業迷惑衆生四天王聞已涕淚悲歎合掌而退

地獄名號品第五

爾時普賢菩薩摩訶薩白地藏菩薩言仁者

願爲天龍四衆及未來現在一切衆生說娑婆世界及閻浮提罪苦衆生所受報處地獄名號及惡報等事使未來世末法衆生知是果報地藏荅言仁者我今承佛威神及大士之力略說地獄名號及罪報惡報之事仁者

護人護國無令是諸眾業迷惑眾生四天王
聞已涕淚悲歎合掌而退

地獄名號品第五

爾時普賢菩薩摩訶薩白地藏菩薩言仁者
願為天龍四眾及未來現在一切眾生說
娑婆世界及閻浮提罪苦眾生所受報處地獄
名號及惡報等事使未來世末法眾生知是
果報地藏答言仁者我今承佛威神及大士
之力略說地獄名號及罪報惡報之事仁者

閻浮提東方有山號曰鐵圍其山黑邃無日月光有大地獄號極無間又有地獄名大阿鼻復有地獄名曰四角復有地獄名曰飛刀復有地獄名曰火箭復有地獄名曰夾山復有地獄名曰通槍復有地獄名曰鐵車復有地獄名曰鐵床復有地獄名曰鐵牛復有地獄名曰鐵衣復有地獄名曰千刃復有地獄名曰鐵驢復有地獄名曰洋銅復有地獄名曰抱柱復有地獄名曰流火復有地獄名曰耕舌復有地獄名曰剉首復有地獄名曰燒

脚復有地獄名曰啗眼復有地獄名曰鐵丸復有地獄名曰諍論復有地獄名曰鐵鈇復有地獄名曰多瞋地藏白言仁者鐵圍之內有如是等地獄其數無限更有叫喚地獄拔舌地獄糞尿地獄銅鏁地獄火象地獄火狗

地獄火馬地獄火牛地獄火山地獄火石地獄火床地獄火梁地獄火鷹地獄鋸牙地獄剝皮地獄飲血地獄燒手地獄燒脚地獄倒刺地獄火屋地獄鐵屋地獄火狼地獄如是等地獄其中各各復有諸小地獄或一或二

腳復有地獄名曰啗眼復有地獄名曰鐵丸
復有地獄名曰諍論復有地獄名曰鐵鈇復
有地獄名曰多瞋地藏白言仁者鐵圍之內
有如是等地獄其數無限更有叫喚地獄拔
舌地獄糞尿地獄銅鎖地獄火象地獄火狗

或三或四乃至百千其中名號各各不同地
藏菩薩告普賢菩薩言仁者此者皆是南閻
浮提行惡衆生業感如是業力甚大能敵須
彌能深巨海能障聖道是故衆生莫輕小惡
以爲無罪死後有報纖毫受之父子至親岐

路各別縱然相逢無肯代受我今承佛威力
略說地獄罪報之事唯願仁者暫聽是言普
賢答言吾以久知三惡道報望仁者說令後
世末法一切惡行衆生聞仁者說使令歸佛
地藏白言仁者地獄罪報其事如是或有地

或三或四乃至百千其中名號各各不同地
藏菩薩告普賢菩薩言仁者此者皆是南閻
浮提行惡衆生業感如是業力甚大能敵須
彌能深巨海能障聖道是故衆生莫輕小惡
以爲無罪死後有報纖毫受之父子至親岐
路各別縱然相逢無肯代受我今承佛威力
略說地獄罪報之事惟願仁者暫聽是言普
賢答言吾以久知三惡道報望仁者說令後
世末法一切惡行衆生聞仁者說使令歸佛
地藏白言仁者地獄罪報其事如是或有地

獄取罪人舌使牛耕之或有地獄取罪人心夜叉食之或有地獄鑊湯盛沸煮罪人身或有地獄赤燒銅柱使罪人抱或有地獄使諸火燒趂及罪人或有地獄一向寒冰或有地獄無限糞尿或有地獄純飛鏃鑗或有地獄多攢火槍或有地獄唯撞胷背或有地獄但燒手足或有地獄盤繳鐵蛇或有地獄驅逐鐵狗或有地獄盡駕鐵騾仁者如是等報各各獄中有百千種業道之器無非是銅是鐵是石是火此四種物衆業行感若廣說地獄

罪報等事一一獄中更有百千種苦楚何況多獄我今承佛威神及仁者問略説如是若廣解説窮劫不盡

如來讚歎品第六

爾時世尊舉身放大光明遍照百千萬億恒

河沙等諸佛世界出大音聲普告諸佛世界一切諸菩薩摩訶薩及天龍鬼神人非人等聽吾今日 稱揚讚歎地藏菩薩摩訶薩於十方世界現大不可思議威神慈悲之力救護一切罪苦之事吾滅度後汝等諸菩薩大士

多獄我今承佛威神及仁者問略說如是若
廣解說窮劫不盡

如來讚歎品第六

爾時世尊舉身放大光明遍照百千萬億恒
河沙等諸佛世界出大音聲普告諸佛世界
一切諸菩薩摩訶薩及天龍鬼神人非人等
聽吾今日稱揚讚歎地藏菩薩摩訶薩於十
方世界現大不可思議威神慈悲之力救護
一切罪苦之事吾滅度後汝等諸菩薩大士

及天龍鬼神等廣作方便衛護是經令一切衆生證涅槃樂說是語已會中有一菩薩名曰普廣合掌恭敬而白佛言今見世尊讚歎地藏菩薩有如是不可思議大威神德唯願世尊爲未來世末法衆生宣說地藏菩薩利益人天因果等事使諸天龍八部及未來世衆生頂受佛語爾時世尊告普廣菩薩及四衆等諦聽諦聽吾當爲汝略說地藏菩薩利益人天福德之事普廣白言唯然世尊願樂欲聞佛告普廣菩薩未來世中若有善男子

善女人聞是地藏菩薩摩訶薩名者或合掌
者讚歎者作禮者戀慕者是人超越三十劫
罪普廣若有善男子善女人或彩畫形像或
土石膠漆金銀銅鐵作此菩薩一瞻一禮者
是人百返生於三十三天永不墮於惡道假
如天福盡故下生人間猶爲國王不失大利
若有女人猒女人身盡心供養地藏菩薩畫
像及土石膠漆銅鐵等像如是日日不退常
以華香飲食衣服繒綵幢旛錢寶物等供養
是善女人盡此一報女身百千萬劫更不生

善女人聞是地藏菩薩摩訶薩名者或合掌
者讚歎者作禮者戀慕者是人超越三十劫
罪普廣若有善男子善女人或彩畫形像或
土石膠漆金銀銅鐵作此菩薩一瞻一禮者
是人百返生於三十三天永不墮於惡道假

若有女人厭女人身盡心供養地藏菩薩畫
像及土石膠漆銅鐵等像如是日日不退常
以華香飲食衣服繒綵幢旛錢寶物等供養
是善女人盡此一報女身百千萬劫更不生

有女人世界何況復受除非慈願力故要受女身度脫衆生承斯供養地藏力故及功德力百千萬劫不受女身復次普廣若有女人猒是醜陋多疾病者但於地藏像前志心瞻禮食頃之間是人千萬劫中所受生身相貌

圓滿是醜陋女人如不猒女身即百千萬億生中常爲王女乃及王妃宰輔大姓大長者女端正受生諸相圓滿由志心故瞻禮地藏菩薩獲福如是復次普廣若有善男子善女人能對菩薩像前作諸伎樂及歌詠讚歎香

華供養乃至勸於一人多人如是等輩現在世中及未來世常得百千鬼神日夜衛護不令惡事輙聞其耳何况親受諸橫復次普廣未來世中若有惡人及惡神惡鬼見有善男子善女人歸敬供養讃歎瞻禮地藏菩薩形像或妄生譏毀謗無功德及利益事或露齒笑或背面非或勸人共非或一人非或多人非乃至一念生譏毀者如是之人賢劫千佛滅度譏毀之報尚在阿鼻地獄受極重罪過是劫已方受餓鬼又經千劫復受畜生又經

千劫方得人身縱受人身貧窮下賤諸根不具多被惡業來結其心不久之間復墮惡道是故普廣譏毀他人供養尚獲此報何況別生惡見毀滅復次普廣若未來世有男子女人久處床枕求生求死了不可得或夜夢惡

鬼乃及家親或遊險道或多魘寐共鬼神遊日月歲深轉復尪瘵眠中叫苦慘悽不樂者此皆是業道論對未定輕重或難捨壽或不得愈男女俗眼不辨是事但當對諸佛菩薩像前高聲轉讀此經一遍或取病人可愛之

物或衣服寶貝莊園舍宅對病人前高聲唱言我某甲等爲是病人對經像前捨諸等物或供養經像或造佛菩薩形像或造塔寺或然油燈或施常住如是三白病人遣令聞知假令諸識分散至氣盡者乃至一日二日三日四日至七日已來但高聲白高聲讀經是人命終之後宿殃重罪至于五無間罪永得解脱所受生處常知宿命何況善男子善女人自書此經或教人書或自塑畫菩薩形像乃至教人塑畫所受果報必獲大利是故普

廣若見有人讀誦是經乃至一念讚歎是經
或恭敬者汝須百千方便勸是等人勤心莫
退能得未來現在千萬億不可思議功德復
次普廣若未來世諸衆生等或夢或寐見諸
鬼神乃及諸形或悲或啼或愁或歎或恐或
怖此皆是一生十生百生千生過去父母男
女弟妹夫妻眷屬在於惡趣未得出離無處
希望福力救拔當告宿世骨肉使作方便願
離惡道普廣汝以神力遣是眷屬令對諸佛
菩薩像前志心自讀此經或請人讀其數三

遍或七遍如是惡道眷屬經聲畢是遍數當得解脫乃至夢寐之中永不復見復次普廣若未來世有諸下賤等人或奴或婢乃至諸不自由之人覺知宿業要懺悔者志心瞻禮地藏菩薩形像乃至一七日中念菩薩名可滿萬遍如是等人盡此報後千萬生中常生尊貴更不經三惡道苦復次普廣若未來世中閻浮提內刹利婆羅門長者居士一切人等及異姓種族有新産者或男或女七日之中早與讀誦此不思議經典更爲念菩薩名

可滿萬遍是新生子或男或女宿有殃報便
得解脱安樂易養壽命增長若是承福生者
轉增安樂及與壽命復次普廣若未來世衆
生於月一日八日十四日十五日十八日二
十三二十四二十八二十九日乃至三十日
是諸日等諸罪結集定其輕重南閻浮提衆
生舉止動念無不是業無不是罪何況恣情
殺害竊盜邪婬妄語百千罪狀能於是十齋
日對佛菩薩諸賢聖像前讀是經一遍東西
南北百由旬内無諸災難當此居家若長若

纫現在未來百千歲中永離惡趣能於十齋
日每轉一遍現世令此居家無諸橫病衣食
豐溢是故普廣當知地藏菩薩有如是等不
可說百千萬億大威神力利益之事閻浮衆
生於此大士有大因緣是諸衆生聞菩薩名

見菩薩像乃至聞是經三字五字或一偈一
句者現在殊妙安樂未來之世百千萬生常
得端正生尊貴家爾時普廣菩薩聞佛如來
稱揚讚歎地藏菩薩已胡跪合掌復白佛言
世尊我久知是大士有如此不可思議神力

日[illegible]轉一遍現世令于所家無諸橫病衣食
豐溢是故普廣當知地藏菩薩有如是等不
可說百千萬億大威神力利益之事閻浮眾
生於此大士有大因緣是諸眾生聞菩薩名

見菩薩像乃至聞是經三字五字或一偈一
句者現在殊妙安樂未來之世百千萬生常
得端正生尊貴家爾時普廣菩薩聞佛如來
稱揚讚歎地藏菩薩已胡跪合掌復白佛言
世尊我久知是大士有如此不可思議神力

及大誓願力為未來衆生遣知利益故問如來唯然頂受世尊當何名此經使我云何流布佛告普廣此經有三名一名地藏本願亦名地藏本行亦名地藏本誓力經緣此菩薩久遠劫來發大重願利益衆生是故汝等依願流布普廣聞已合掌恭敬作禮而退

地藏菩薩本願經卷上

音釋

塑蘇故切揑土像物也 攫厥縛切持也 渧丁歷切水點也 拖拽拖湯何切拽羊設切拖拽牽引也 啗徒濫切食也 繳吉了切纏也 頸居郢

切頭堊也
剉千卧切剎斫也
碓音對舂也
炒楚絞切乾煞也
遞徒計切更也
邃雖邃切深也
鏃鏫鏃昨悉切鏫憐題切鏃鏫渠筈也
攢徂官切聚也
魘寐魘於琰切寐明祕切
㕒瘵厓爲光切羸弱也瘵側介切病也